¿Quieres descargas gratuitas?
Escríbenos un correo electrónico a: study@inspiredtograce.com

 @inspiredtograce

 Inspired To Grace

Compra todos nuestros libros en
www.inspiredtograce.com/es

Distribución al por mayor a través de Ingram Content Group
www.ingramcontent.com/publishers/distribution/wholesale

Preguntas y Servicio de atención al cliente
Escríbenos un correo electrónico a:
support@inspiredtograce.com

escritura

reflexiones

oraciones

fecha:

escritura

reflexiones

oraciones

escritura

reflexiones

oraciones

fecha:

escritura

reflexiones

oraciones

fecha:

escritura

reflexiones

oraciones

fecha:

escritura

reflexiones

oraciones

fecha:

escritura

reflexiones

oraciones

fecha:

escritura

reflexiones

oraciones

fecha:

escritura

reflexiones

oraciones

fecha:

escritura

reflexiones

oraciones

fecha:

escritura

reflexiones

oraciones

fecha:

escritura

reflexiones

oraciones

fecha:

escritura

reflexiones

oraciones

fecha:

escritura

reflexiones

oraciones

> **fecha:**

escritura

reflexiones

oraciones

fecha:

escritura

reflexiones

oraciones

escritura

reflexiones

oraciones

fecha:

escritura

reflexiones

oraciones

escritura

reflexiones

oraciones

fecha:

escritura

reflexiones

oraciones

fecha:

escritura

reflexiones

oraciones

fecha:

escritura

reflexiones

oraciones

fecha:

escritura

reflexiones

oraciones

fecha:

escritura

reflexiones

oraciones

fecha:

escritura

reflexiones

oraciones

fecha:

escritura

reflexiones

oraciones

fecha:

escritura

reflexiones

oraciones

fecha:

escritura

reflexiones

oraciones

escritura

reflexiones

oraciones

fecha:

escritura

reflexiones

oraciones

> fecha:

escritura

reflexiones

oraciones

fecha:

escritura

reflexiones

oraciones

fecha:

escritura

reflexiones

oraciones

fecha:

escritura

reflexiones

oraciones

fecha:

escritura

reflexiones

oraciones

fecha:

escritura

reflexiones

oraciones

fecha:

escritura

reflexiones

oraciones

fecha:

escritura

reflexiones

oraciones

fecha:

escritura

reflexiones

oraciones

fecha:

escritura

reflexiones

oraciones

fecha:

escritura

reflexiones

oraciones

fecha:

escritura

reflexiones

oraciones

fecha:

escritura

reflexiones

oraciones

fecha:

escritura

reflexiones

oraciones

fecha:

escritura

reflexiones

oraciones

fecha:

escritura

reflexiones

oraciones

fecha:

escritura

reflexiones

oraciones

fecha:

escritura

reflexiones

oraciones

fecha:

escritura

reflexiones

oraciones

fecha:

escritura

reflexiones

oraciones

fecha:

escritura

reflexiones

oraciones

fecha:

escritura

reflexiones

oraciones

escritura

reflexiones

oraciones

fecha:

escritura

reflexiones

oraciones

fecha:

escritura

reflexiones

oraciones

fecha:

escritura

reflexiones

oraciones

fecha:

escritura

reflexiones

oraciones

fecha:

escritura

reflexiones

oraciones

escritura

reflexiones

oraciones

fecha:

escritura

reflexiones

oraciones

fecha:

escritura

reflexiones

oraciones

fecha:

escritura

reflexiones

oraciones

fecha:

escritura

reflexiones

oraciones

fecha:

escritura

reflexiones

oraciones

> **fecha:**

escritura

reflexiones

oraciones

fecha:

escritura

reflexiones

oraciones

fecha:

escritura

reflexiones

oraciones

fecha:

escritura

reflexiones

oraciones

fecha:

escritura

reflexiones

oraciones

fecha:

escritura

reflexiones

oraciones

fecha:

escritura

reflexiones

oraciones

fecha:

escritura

reflexiones

oraciones

> fecha:

escritura

reflexiones

oraciones

fecha:

escritura

reflexiones

oraciones

> fecha:

escritura

reflexiones

oraciones

fecha:

escritura

reflexiones

oraciones

escritura

reflexiones

oraciones

fecha:

escritura

reflexiones

oraciones

> fecha:

escritura

reflexiones

oraciones

fecha:

escritura

reflexiones

oraciones

fecha:

escritura

reflexiones

oraciones

fecha:

escritura

reflexiones

oraciones

fecha:

escritura

reflexiones

oraciones

fecha:

escritura

reflexiones

oraciones

fecha:

escritura

reflexiones

oraciones

fecha:

escritura

reflexiones

oraciones

escritura

reflexiones

oraciones

fecha:

escritura

reflexiones

oraciones

fecha:

escritura

reflexiones

oraciones

fecha:

escritura

reflexiones

oraciones

fecha:

escritura

reflexiones

oraciones

fecha:

escritura

reflexiones

oraciones

fecha:

escritura

reflexiones

oraciones

fecha:

escritura

reflexiones

oraciones

fecha:

escritura

reflexiones

oraciones

fecha:

escritura

reflexiones

oraciones

fecha:

escritura

reflexiones

oraciones

fecha:

escritura

reflexiones

oraciones

fecha:

escritura

reflexiones

oraciones

fecha:

escritura

reflexiones

oraciones

escritura

reflexiones

oraciones

fecha:

escritura

reflexiones

oraciones

fecha:

escritura

reflexiones

oraciones

fecha:

escritura

reflexiones

oraciones

escritura

reflexiones

oraciones

fecha:

escritura

reflexiones

oraciones

Made in the USA
Las Vegas, NV
07 October 2021

31877237R00061